CAIUS GRACCHUS,

TRAGÉDIE.

JE déclare que je pourfuivrai devant les Tribunaux tout Entrepreneur de Spectacle, qui, au mépris de la propriété & des Lois exiftantes, fe permettra de faire repréfenter cette Tragédie fans mon confentement formel & par écrit.

MARIE-JOSEPH CHÉNIER.

A Paris, ce 3 Mars 1793, l'an II de la République.

D'APRÈS le traité fait entre nous, Marie-Jofeph Chénier, Auteur de la Tragédie de Caïus Gracchus, & Nicolas-Léger Moutard, Libraire Imprimeur à Paris, nous déclarons que cet Ouvrage eft notre propriété commune, conformément aux claufes dont nous fommes convenus. Nous la plaçons fous la fauve-garde des Lois & de la probité des Citoyens, & nous pourfuivrons devant les Tribunaux tout Contrefacteur & tout Diftributeur d'éditions contrefaites.

A Paris, ce 3 Mars 1793, l'an II de la République Françaife.

Marie-joseph Chénier

Député à la Convention Nationale, par le Département de Seine & Oife.

Moutard

Henri VIII & Anne de Boulen, Calas, ou l'École des Juges, Tragédies du même Auteur, font actuellement fous preffe. On trouve chez le même Libraire, Fénelon, Tragédie du même Auteur. Prix, 1 liv. 10 fols.

CAIUS GRACCHUS,

TRAGÉDIE EN TROIS ACTES,

Par Marie-Joseph Chénier, Député à la Convention
Nationale ;

*Repréſentée pour la première fois à Paris, ſur le Théâtre
de la République, le 9 Février 1792, l'an I de la
République Françaiſe.*

Des Lois, & non du ſang. *Acte II, Scène II.*

Prix, 1 livre 5 ſols.

A PARIS,

Chez Moutard, Libraire-Imprimeur, rue des
Mathurins, Section de Beaurepaire, N°. 334.

1793.

PERSONNAGES.

CAIUS GRACCHUS.   MONVEL.
CORNÉLIE, mère de Gracchus.   VESTRIS.
LICINIA, épouse de Gracchus.   SIMON.
FULVIUS FLACCUS.   TALMA.
OPIMIUS, Conful.   VALOIS.
DRUSUS, Tribun du Peuple.   MONVILLE.
LE FILS DE GRACCHUS.
LE PEUPLE.
CHEVALIERS.
SÉNATEURS.
LICTEURS.
SUITE.

La Scène est dans Rome.

CAIUS

CAIUS GRACCHUS,
TRAGÉDIE.

ACTE PREMIER.

*La Scène est dans l'intérieur de la maison de Gracchus.
A la droite du Théâtre, un peu dans l'enfoncement, on
voit une urne funéraire posée sur un socle de granit.
La Pièce commence vers la fin de la nuit.*

SCÈNE PREMIÈRE.
CAIUS GRACCHUS, LICINIA.

GRACCHUS.

VA, ne m'étale plus ces timides alarmes.

LICINIA.

Tu me fuis, cher époux.

GRACCHUS.

Je fuis loin de tes larmes.

A

LICINIA.

Renonce à tes desseins.

GRACCHUS.

Rien ne peut les changer.

LICINIA.

Au danger que tu cours.

GRACCHUS.

Qu'importe le danger?

LICINIA.

Ecoute les conseils d'une épouse qui t'aime.

GRACCHUS.

J'écoute & la Patrie, & le Ciel, & moi-même,
La voix de l'équité, le cri de la vertu,
Le cri d'un Peuple entier sous le joug abattu,
Qui languit dans l'opprobre & dans la servitude.
Oui, dût-il me payer par son ingratitude,
Gracchus le soutiendra jusqu'au dernier moment,
Et dès long-temps aux Dieux j'en ai fait le serment.

LICINIA.

Tu me parles toujours de ce serment funeste!
Ces Dieux, ces mêmes Dieux que ta fureur atteste,
De concert avec moi devraient te désarmer :
Tu leur as fait aussi le serment de m'aimer.

GRACCHUS.

Cruelle, à ton époux ce reproche s'adreſſe !

LICINIA.

D'époux ! en ai-je encor ? j'ai perdu ſa tendreſſe ;
Et ma voix, mes conſeils qui veulént ſon bonheur,
Ne ſavent plus trouver le chemin de ſon cœur.

GRACCHUS.

Arrête, & ſonge enfin que ce diſcours me bleſſe.
Voudrais-tu des Tyrans m'inſpirer la faibleſſe ?
On les voit adorer de coupables beautés ;
A leurs pieds chaque jour changeant de volontés,
De leurs vœux inconſtans échos toujours fidèles,
N'entendre, ne penſer, & n'agir que par elles ;
Tandis que ſans pudeur, régnant par les déſirs,
Elles vendent l'Etat pour payer leurs plaiſirs.
Une ame citoyenne, un fils de Cornélie,
Sait aimer ſon épouſe & chérir la Patrie :
A ces deux ſentimens je cède tour à tour ;
Mais l'intérêt public marche avant mon amour.

SCÈNE II.

GRACCHUS, LICINIA, CORNÉLIE.

CORNÉLIE.

Dans l'ombre de la nuit quelle voix me réveille?

GRACCHUS,

C'est la voix d'un Romain qui frappe votre oreille.

CORNÉLIE.

Fût-ce toi, mon cher fils ? A cette heure ! en ces lieux !

GRACCHUS.

Ma mère, dès long-temps le repos fuit mes yeux.

CORNÉLIE.

Mon fils, profite mieux de la bonté céleste :
Ce qu'on nomme la vie est un présent funeste ;
Mais la pitié des Dieux, parmi tant de fléaux,
Nous donna le sommeil pour soulager nos maux.

GRACCHUS.

Mes maux sont ceux de Rome.

CORNÉLIE.

Il est vrai.

GRACCHUS.

Cornélie.

CORNÉLIE.

Caïus.

GRACCHUS.

Autour de nous veille la tyrannie.

CORNÉLIE.

Je le fais.

GRACCHUS.

Elle veille au Forum , au Sénat,
Dans le Temple des Dieux , au fein du Tribunat.

CORNÉLIE.

Eh bien ?

GRACCHUS.

La liberté que par-tout on exile ,
Veille au moins chez Gracchus; mon toit eft fon afile.

LICINIA.

Ainfi Rome eft efclave ! ainfi la liberté
Au fein de nos remparts n'a jamais exifté!
Ofes-tu le penfer ? Ces Dieux de la Patrie ,
Ces fameux Scipions , aïeux de Cornélie ,
Brutus , Publicola , tous ces grands Sénateurs,
Des murs de Romulus les feconds fondateurs,
Sous le vain nom du Peuple agiffant pour eux-même ;
N'ont-ils fait qu'ufurper l'autorité fuprême ?

Ne font-ils à tes yeux que de nouveaux Tyrans,
Succeffeurs de nos Rois fous des noms différens?
Ah ! du Peuple Romain que l'intérêt t'anime ;
Mais n'exagère pas un fentiment fublime ;
Ecarte ce nuage étendu fur tes yeux ,
Et ces fombres chagrins d'un cœur ambitieux :
Je te vois entouré de gloire & de puiffance ;
Tant d'honneurs obtenus au fortir de l'enfance,
De ton frère lui-même auraient comblé les vœux :
Chacun te porte envie , & tu n'es point heureux.

GRACCHUS.

Non , je ne le fuis point , lorfque la République
Voit , fans brifer le joug , un Sénat defpotique,
Au gré de fon caprice anéantir nos loix ,
Et donner aux Romains des Tribuns de fon choix.
Par combien de baffeffe & de vils artifices
N'a-t-il pas triomphé dans nos derniers Comices?
Pour la troifième fois les vœux des Citoyens
Allaient nommer Caïus au rang de leurs foutiens ;
Mais le Sénat , laffé d'un Tribun populaire ,
A féduit l'indigence avide & mercenaire:
Par l'or des Sénateurs Drufus eft élevé
A ce rang glorieux qui m'était réfervé.
Chaque jour , chaque inftant accroît leur injuftice.
Hier Opimius faifait un facrifice ;
Quintus , un des Licteurs , n'a pas craint d'infulter
A ceux qui fur mes pas venaient s'y préfenter:
Le Peuple eft implacable au moment qu'on l'offenfe ;
Quintus a de fes jours payé fon infolence :

Le Conful auffi-tôt convoquant le Sénat,
Croit qu'un tel châtiment va renverfer l'État.
On dirait, à l'afpect de fa crainte frivole,
Que Brennus eft encore au pied du Capitole,
Et tous les Sénateurs qu'Opimius conduit,
Sont, pour ce grand objet, raffemblés cette nuit.
Ils ne m'abufent point par ces groffières feintes;
Je crois à leur vengeance & non pas à leurs craintes:
Ces Tyrans de la Terre, au fang accoutumés,
Du meurtre d'un Licteur ne font pas alarmés;
Ils le font de mes lois; leur infolente rage
De mon frère & de moi veut détruire l'ouvrage;
Contre la liberté tout femble confpirer:
Mais puifqu'il eft des Dieux, j'ofe encore efpérer.

LICINIA.

Ils ont abandonné votre malheureux frère.
Malgré tant de vertus, le fort lui fut contraire;
Et contre le Sénat fon imprudent effort.....

GRACCHUS.

Achève, ne crains rien, rappelle-moi fa mort.

LICINIA.

Hélas !

GRACCHUS.

Rappelle-moi ce jour où leur furie
L'ofa frapper au fein des Dieux de la Patrie,
Sous l'œil de Jupiter, en ce lieu révéré,
Que la mort d'un grand homme a rendu plus facré.

J'étais bien jeune alors : au récit d'un tel crime,
Je vais, je cours m'offrir pour seconde victime.
J'adresse aux meurtriers des cris mal entendus ;
Les yeux noyés de pleurs & les bras étendus,
Pour la première fois employant la prière,
Je leur demande au moins les restes de mon frère :
Et ce frère & la mort, ils m'ont tout refusé.
Au mépris des Tyrans son cadavre exposé,
Fut jeté dans le Tibre, & l'onde épouvantée
Roulait avec respect sa tête ensanglantée.
Près de ce bord fatal, solitaire, & conduit
Par les faibles lueurs de l'astre de la nuit,
Par les traces du sang que je suivais sans cesse,
Par la faveur du Ciel, sur-tout par ma tendresse,
Je vis, je rassemblai ses membres dispersés ;
Ma bouche s'imprima sur ses membres glacés,
Et ma main déposa sa cendre auguste & chère
Dans l'urne où l'attendait la cendre de mon père.

CORNÉLIE.

Chagrin toujours nouveau pour un cœur maternel !
Jour de sang ! premier jour de mon deuil éternel,
Où du Peuple Romain la douleur importune
En stériles sanglots m'apprit mon infortune ;
Où je vis à mes pieds le second de mes fils,
De mon fils égorgé m'apportant les débris !
D'abord mon désespoir eut quelque violence ;
Bientôt nos pleurs amers s'écoulaient en silence ;
Tous deux nous embrassions ces restes généreux ;
Sur nos seins palpitans nous les serrions tous deux :

O prodige ! il femblait que fes cendres émues
Sentaient avec plaifir nos larmes confondues.

LICINIA.

Grands Dieux !

CORNÉLIE.

Licinia , vous répandez des pleurs !
Ce n'eft pas tout encor. Pour calmer fes douleurs ,
Caïus abandonné n'avait que Cornélie :
A fes deftins alors vous n'étiez point unie.
Les Grands applaudiffaient au trépas d'un Héros ;
Et moi près de Caïus , étouffant mes fanglots ,
Quel tourment , quel devoir , hélas ! pour une mère !
De la mort de mon fils je confolais fon frère.

GRACCHUS.

O ma mère ! il eft vrai.

CORNÉLIE.

Tu t'en fouviens, Caius !
Moi, je me confolais en voyant tes vertus.

LICINIA.

Hélas ! de fes vertus quelle eft la récompenfe ?
Si les Romains charmés vantent fon éloquence,
S'il eft l'appui du Peuple , un Sénat ombrageux
Lui fera payer cher cet honneur dangereux.
Caïus doit-il des fiens repouffer la tendreffe ?
Ah ! des chagrins publics le tourment fans ceffe :

Déformais tout l'appelle en ces paifibles lieux ;
Ses yeux y trouveront & fa mère & fes Dieux,
Et fon unique enfant, préfent des deftinées,
Qui voit déjà pour lui s'écouler cinq années :
Sa tendre époufe enfin que fon cœur doit chérir,
Aux regards d'un époux viendra fouvent s'offrir.
Caïus auprès des fiens, fi Çaïus veut m'en croire,
Connaîtra le bonheur qui vaut mieux que la gloire.

CORNÉLIE.

Non, non, Licinia, n'abufez point fon cœur ;
Parlez de fon devoir & non de fon bonheur.
Voulez-vous, dites-moi, lorfque dans la tribune
Et de Rome & du Monde on règle la fortune,
Qu'il foit dans fes foyers lâchement retenu,
Et qu'entré fur la Terre, il en forte inconnu ?
Les hommes tels que lui font nés pour la Patrie ;
Il lui doit fes talens, fes travaux & fa vie :
Jufqu'à fon dernier jour qu'il s'enchaîne à l'Etat,
Qu'il abaiffe les Grands, qu'il réfifte au Sénat,
Que du Peuple fans ceffe il prenne la défenfe,
Un immortel renom fera fa récompenfe.
Il fait braver, attendre & fubir les revers ;
Et quand les Sénateurs, ces Tyrans, ces pervers,
Feraient tomber fur lui l'exil & la mort même,
Dans le fein de l'exil, à fon inftant fuprême,
Sans daigner accufer fes deftins rigoureux,
Si la Patrie eft libre, il fera trop heureux.

S C È N E   III.

GRACCHUS, LICINIA, CORNÉLIE, FULVIUS.

GRACCHUS.

ON vient.

LICINIA.

C'eſt Fulvius, c'eſt ton ami fidèle.

FULVIUS.

Défenſeur des Romains, vole où Rome t'appelle.

GRACCHUS.

Quel attentat nouveau ſe prépare aujourd'hui?

FULVIUS.

Le Sénat veut la guerre entre le Peuple & lui.

GRACCHUS.

De la part du Sénat rien ne doit me ſurprendre.

FULVIUS.

Il va nous attaquer, ſongeons à nous défendre.
Opimius peut tout; un décret du Sénat
Remet entre ſes mains le ſalut de l'Etat.
De ſes nombreux cliens la place eſt aſſiégée:
De Quintus, a-t-il dit, la mort ſera vengée.

Telle eſt ſon eſpérance, & nous pouvons juger
Comment, ſur quels Romains il prétend la venger.
Aux ſommets d'Aventin tout le Peuple en alarmes,
Par mes ſoins raſſemblés veut recourir aux armes;
Car je n'ai point cherché ces faibles citoyens,
Vendus à leurs plaiſirs, eſclaves de leurs biens;
Amollis par le luxe, ils ont beſoin de maîtres:
J'ai cherché ces Romains, qui, ſuivant nos ancêtres,
Dans le ſein du travail & de la pauvreté,
Conſervent de leurs mœurs la mâle auſtérité;
Et, des murs du Sénat ſéparés par le Tibre,
Semblent ſeuls parmi nous reſpirer un air libre.
Ces vertueux Romains réunis à ma voix,
Vont jurer en ces lieux de défendre nos loix:
Pour raſſurer leurs cœurs dans ces craintes publiques,
Ils cherchent ta préſence & tes Dieux domeſtiques;
Tes foyers ſont pour eux un temple reſpeƈté,
Que l'encens des Tyrans n'a jamais infeƈté.

GRACCHUS.

De ce Peuple opprimé les vertus me ſont chères.

SCÈNE IV.

GRACCHUS, LICINIA, CORNÉLIE, FULVIUS, LE PEUPLE.

GRACCHUS.

CITOYENS, mes égaux, mes amis & mes frères,
Venez quelques momens refpirer dans mon fein ;
La maifon de Gracchus eft au Peuple Romain.
D'un Sénat oppreffeur vous voyez l'infolence ;
Chez des républicains le Peuple eft fans puiffance ;
Et le monde par vous foumis à vos tyrans,
Voit dans les mêmes fers gémir fes conquérans.
Auprès des Sénateurs dépouillez la contrainte ;
Si vous les abordez fans refpect & fans crainte,
Non les regards baiffés, tels qu'aux pieds des autels,
On vous voit préfenter vos vœux aux immortels,
Non comme les foutiens, les protecteurs du Tibre,
Mais comme vos égaux, membres d'un peuple libre ;
Si vous foulez aux pieds l'orgueil patricien ;
Enfin, fi vous pouvez, fiers du nom plébéien,
Sourds aux vains préjugés d'une antique nobleffe,
Concevoir votre force & fentir leur faibleffe ;
Tous ces droits éternels que vous avez perdus,
Soyez fûrs qu'en un jour ils vous feront rendus.
Détruifez, renverfez ces abus facriléges,
Tous ces vols décorés du nom de priviléges.

Jufqu'ici peu jaloux de votre dignité,
Vous avez adoré le nom de liberté;
Elle n'exifte point dans les remparts de Rome,
Par-tout où l'homme enfin n'eft point égal à l'homme:
Mais la fin de vos maux eft en votre pouvoir;
Et punir fes tyrans c'eft remplir un devoir.

LE PEUPLE.

Jufqu'au fond de nos cœurs fa voix fe fait entendre;
C'eft la voix de fon frère.

GRACCHUS.

    Amis, voyez fa cendre,
Là, de Tiberius les débris confumés,
Par la main fraternelle ont été renfermés.
Vous l'avez tous connu: ce fublime génie,
Cher au Peuple Romain, craint de la tyrannie,
Cette voix, ces accens que vous n'entendrez plus,
Ces foudres d'éloquence & ces mâles vertus,
Cet œil où refpirait fon ame ardente & fière,
Tout eft là, Citoyens, tout n'eft plus que pouffière.
Honorez de vos pleurs ce facré monument,
Et dépofons fur lui notre commun ferment.

FULVIUS.

Aux deftins de Gracchus les vrais Romains s'uniffent;
Prononce le ferment, tous nos cœurs applaudiffent.

GRACCHUS.

O mon frère ! en ces lieux que ton cœur a chéris,
Sous le toit paternel & devant ces débris
Aussi saints que les Dieux adorés dans nos Temples,
Nous jurons (1) d'imiter tes généreux exemples,
De servir, de défendre avec fidélité
Les intérêts du Peuple & de la Liberté.
Si nos cœurs se rendaient coupables d'inconstance,
Puissions-nous obtenir pour notre récompense
Le trépas, le remords abreuvé de poisons,
Et l'opprobre éternel qui suit les trahisons !

CORNÉLIE.

Généreux Citoyens, que le Ciel vous seconde !
Allez & préparez la Liberté du monde.
Toi, mon fils, mon soutien, mon unique trésor,
Par qui Tiberius semble exister encor,
Du fond de l'urne sainte & chère à la Patrie,
Dis-moi, n'entends-tu pas une voix qui te crie :
« Mon frère me survit ; je suis mort égorgé ;
» Dix ans sont écoulés ; je ne suis point vengé ? »
Écoute, mon cher fils, & le Ciel & ta mère,
Sois docile à la voix de ton malheureux frère,
Sois sensible à ses cris qui te sont adressés,
Fais payer au Sénat les pleurs que j'ai versés ;
Prends, reçois ce poignard des mains de Cornélie ;
Sans remords, sans délai, frappe la tyrannie ;

---

(1) Caïus, en prononçant ces mots, étend la main vers l'urne
de Tiberius ; Fulvius & le Peuple font le même mouvement.

Cours , vole , en répandant le fang des inhumains ,
Venger ton frère, toi , ta mère & les Romains.

G R A C C H U S.

Donnez; je prends ce fer , je le prends pour défendre
Un fang que le Sénat peut fonger à répandre,
Ou pour me délivrer des Tyrans & du jour,
Si notre liberté fuccombait fans retour.
Modérez toutefois l'ardeur qui vous emporte;
Contre les Sénateurs votre haine eft bien forte ;
Rome fait à quel point mon cœur doit les haïr ;
Mais c'eft avec la loi que je veux les punir.
D'un autre châtiment la violence extrème,
Eft indigne de moi , d'un frère & de vous-même :
Votre fils ne doit point imiter le Sénat,
Et venger un Héros par un affaffinat.

C O R N É L I E.

Ah ! les Patriciens feront moins magnanimes ;
Ils font depuis long-temps accoutumés aux crimes.

L I C I N I A.

De tes vils ennemis , fi la barbare main.....
Je ne puis achever.

G R A C C H U S.

S'ils me percent le fein,
J'aurai fait mon devoir , je reverrai mon frère.

LICINIA.

LICINIA.

Tu peux abandonner ton épouse & ta mère!

GRACCHUS.

Quand ma mort de vos yeux fera couler des pleurs,
Ma gloire au moins pourra confoler vos douleurs.

LICINIA.

Et notre fils, cruel!....

GRACCHUS.

Son père le confie
A tes foins, chère épouse, à ceux de Cornélie.

FULVIUS.

Que Rome en cet enfant reconnaiffe un Gracchus.

GRACCHUS.

Fille de Scipion, vous, fille de Craffus,
Qui toutes deux m'aimez, & qui m'êtes fi chères,
Rentrez; aux immortels adreffez vos prières.
Vous, defcendans de Mars, venez au nom des lois;
Sur des Ufurpateurs reconquérir vos droits.
Qu'un Peuple, Roi de nom, ceffe enfin d'être efclave;
Il eft temps d'abaiffer un Sénat qui vous brave;
Il eft temps d'abolir la diftance des rangs :
Je pouvais augmenter le nombre des Tyrans;

B

Au fein de mes foyers , aux camps , à la tribune ;
J'ai depuis mon berceau fuivi votre fortune ;
Du Sénat en fureur j'affronterai les coups ,
Et mes derniers foupirs feront encor pour vous.

Fin du premier Acte.

ACTE II.

Pendant cet Acte & le troifième, la Scène eft dans la place publique. La tribune eft au milieu de la place. Le fond du Théâtre rep   ſ   e une vue de Rome. On doit diftinguer le Capitole, des jardins, des palais, & le Tibre dans le lointain.

SCÈNE PREMIÈRE.

OPIMIUS, DRUSUS, SÉNATEURS, CHEVALIERS, LICTEURS.

OPIMIUS.

Sénateurs, Chevaliers, Cliens des Sénateurs ;
De la grandeur romaine illuſtres protecteurs,
Le feu long-temps caché de la guerre civile
Eſt tout près d'éclater au fein de notre ville ;
Hâtez-vous de l'éteindre, & fongez que Gracchus
Eſt le premier auteur du meurtre de Quintus.
Vous favez que docile aux projets de fon frère,
Comme lui du Sénat implacable adverſaire,
Par une loi conforme aux vœux des Plébéïens,
Il prétend vous ravir vos honneurs & vos biens :

B ij

Je fais que dans ces lieux il doit bientôt paraître ;
C'eft à nous d'arrêter les complots de ce traître.
Toi qui viens d'obtenir l'honneur du Tribunat,
Et qui dois ta fortune aux bontés du Sénat,
As tu pour le fervir employé ta prudence ?
As-tu des Plébéïens careffé l'inconftance ?
Et le nom de Gracchus, trop long-temps révéré,
A l'oreille du Peuple eft-il encor facré ?

D r u s u s.

Il fuffit, j'ai parlé ; fois fans inquiétude :
Tu fais, Opimius, quelle eft la multitude.
Sa faveur qu'on obtient & qu'on perd en un jour,
Semble à ce nom célèbre échapper fans retour.
Le Peuple obéira ; que le Sénat ordonne ;
En admirant Gracchus, le Peuple l'abandonne :
Mais le nom du Sénat eft par-tout refpecté.

O p i m i u s.

S'il eft ainfi, Drufus, Rome eft en fûreté.
Suivi des factieux, notre ennemi s'avance.
Qu'il leur faffe admirer fa fougueufe éloquence :
Dans la tribune encor nous entendrons fa voix ;
Du moins nous l'entendrons pour la dernière fois.

SCÈNE II.

LES MÊMES, GRACCHUS, FULVIUS, PEUPLE.

GRACCHUS.

Consul, autour de toi pourquoi donc cette armée?

OPIMIUS.

La liberté, Caïus, n'en peut être alarmée.
Le salut de l'État en mes mains est remis ;
Hier, au sein de Rome un meurtre s'est commis.
Tu le fais.

GRACCHUS.

Des Romains j'ai blâmé la vengeance,
Autant que du Licteur j'ai blâmé l'insolence.

FULVIUS.

Avant d'oser parler du meurtre de Quintus,
Il faut venger la mort de l'aîné des Gracchus.
Romains, aux Sénateurs on a vendu sa tête ;
Du dernier Scipion elle fut la conquête.

GRACCHUS.

Depuis ce jour fatal, cette image en tous lieux
De son aspect sanglant vient effrayer mes yeux.

B iij

Où fuir, où l'éviter dans les remparts de Rome?
Irai-je au Capitole où périt ce grand homme?
Irai-je en mes foyers qu'il avait habités,
Le nommer, le chercher, trouver de tous côtés
Ses pas, son souvenir, son absence éternelle,
Et partager en vain la douleur maternelle?
Ah! pour le bien public étouffons nos regrets:
Romains, tout doit céder aux communs intérêts;
C'est par votre bonheur qu'il faut venger mon frère:
Retirons de l'oubli ce projet salutaire
Qui devait de nos murs chasser la pauvreté,
Et que dans la tribune il avait présenté.
Entre les Citoyens resserrons la distance;
Écartons les besoins, arrêtons l'opulence:
Nous voyons les trésors acheter les honneurs,
Et déjà nous perdons nos vertus & nos mœurs:
Si bientôt, dès ce jour, une main prompte & sûre
Ne guérit de l'État la profonde blessure,
Je vois dans l'avenir des maux plus dangereux;
Nos Grands feront des Rois, ils s'uniront entre eux;
Et l'aristocratie, ou le joug monarchique,
Écraseront enfin la puissance publique.
S'il fallait partager les biens de vos aïeux,
Et le champ paternel habité par vos Dieux,
Ma loi commanderait le vol & les rapines;
L'État n'offrirait plus que de vastes ruines.
Mais aux Patriciens quel pouvoir a transmis
Les champs des Nations, les biens des Rois soumis?
Ceux qui dans les combats ont exposé leur tête,
Ont tous un droit égal aux fruits de la conquête:

Fixez donc l'étendue & la somme des biens
Dont pourront déformais jouir les Citoyens;
De vos champs ufurpés commencez le partage;
Divifez entre vous le public héritage :
C'eft par de telles lois, c'eft par l'égalité
Qu'on peut à Rome encor rendre fa liberté.

OPIMIUS.

La liberté, Caïus, n'eft pas l'indépendance :
Pourquoi pouffer le Peuple à tant de violence ?
Contre fes Protecteurs ofes-tu l'animer ?
Tu l'as rendu féroce, il eft fait pour aimer.
S'il fe laiffait tromper par tes projets coupables,
Dans peu, je le prédis, ces lois impraticables
Semeraient la difcorde au milieu de l'Etat,
Et perdraient à la fois le Peuple & le Sénat.
Peux-tu nous reprocher des tréfors, des richeffes
Qu'aux Romains indigens prodiguent nos largeffes?
Dans les calamités notre zèle & nos foins
N'ont-ils pas en tout temps prévenu leurs befoins?
Peuple, n'écoutez pas des plaintes indifcrettes;
Sur vos chagrins publics, fur vos peines fecrettes,
Vos Pères, vos Patrons auront toujours les yeux;
Refpectez le Sénat, craignez les factieux.

GRACCHUS, *à la tribune.*

Ce refpect filial & cette dépendance
Pouvait fervir l'Etat quand Rome en fon enfance
Croyait dans les Tarquins chaffer tous les Tyrans :
Vous n'imiterez pas vos aïeux ignorans;

Quatre fiècles entiers ont accru les lumières ;
Vous n'avez plus befoin de Patrons ni de Pères ;
Mais il faut que les biens que vous avez conquis
Avec égalité foient enfin répartis.
Vainqueurs des Nations, eft-ce affez d'efclavage ?
Les monftres des forêts ont un antre fauvage ;
Ils évitent du moins fous des rochers déferts,
Les traits brûlans du jour, la rigueur des hivers ;
Et, quand la nuit furvient, dans le creux des montagnes,
Ils goûtent le fommeil auprès de leurs compagnes.
Et, vous, le Peuple Roi, l'élite des humains,
Vous, defcendans de Mars, & Citoyens Romains,
Vous, dans le monde entier qu'embraffent vos conquêtes,
Vous n'avez point d'afile où repofer vos têtes :
Maîtres de l'Univers, quittez ce nom fi beau ;
Vous n'avez pas un antre & pas même un tombeau.

Il defcend de la tribune.

LE PEUPLE.

Il eft trop vrai ; les Grands ont comblé nos misères ;
Il nous faut déformais des lois plus populaires.

DRUSUS, montant à la tribune.

Redoutez, Citoyens, vos premiers mouvemens ;
N'imitez point Caïus en fes emportemens.
Quoi ! les Repréfentans de la grandeur romaine
Ont-ils donc en effet mérité votre haine ?
Vous les méconnaiffez ; ils font vos vrais foutiens :
Défiez-vous. . . .

GRACCHUS.

Tribun, cher aux Patriciens,
Toi, qui t'énorgueillis d'être un de leurs complices,
A quel prix leur vends-tu ton zèle & tes services?

DRUSUS, *à la tribune.*

Mon zèle est pur, Caïus, il n'est point acheté;
Je ne sers que l'Etat, la raison, l'équité.
Mais vous, Romains, mais vous, quelle est votre faiblesse!
Quels sont donc les Héros que vous vantez sans cesse?
Deux Tyrans Plébéiens, jaloux des Sénateurs,
Deux frères que l'orgueil a rendus Novateurs,
Renversant par dégrés la liberté Romaine,
Factieux par instinct, par intérêt, par haine,
Infectant vos esprits de leurs préventions,
Et pour vous subjuguer flattant vos passions.
Voilà les grands exploits de Caïus, de son frère.
Ces bienfaits exceptés, dût ma franchise austère
D'un parti qui succombe irriter le courroux,
J'oserai demander ce qu'ils ont fait pour vous.

Drusus s'assied dans la tribune.

FULVIUS, *accourant à la tribune.*

Ce qu'ont fait les Gracchus pour le Peuple de Rome!
Est-il vrai? Dans ces murs on peut trouver un homme
Qui parle des Gracchus & demande aujourd'hui
Au Peuple rassemblé ce qu'ils ont fait pour lui!
Eux tromper les Romains! c'est toi qui les égares.
Citoyens, Alliés, Etrangers & Barbares,

Tout, des Grands, des Préteurs t'apprendra les forfaits;
Tout, de nos deux Héros t'apprendra les bienfaits.
J'ai fuivi les Gracchus du jour qui les vit naître,
L'Univers les connaît; j'ai dû les mieux connaître;
A leurs divins travaux je fus affocié,
Et ma plus grande gloire eft dans leur amitié.
Ton châtiment fera le récit de leur gloire;
Voici ce qu'ils ont fait; gardes-en la mémoire.
Contre les Magiftrats les faibles protégés,
Par d'utiles moiffons les pauvres foulagés,
Ces moiffons dans nos murs s'accumulant d'avance;
Tous les ans aux Romains affurant l'abondance,
Des chemins fomptueux s'ouvrant de toutes parts,
La Cité d'Annibal relevant fes remparts,
Enfin des monumens plus facrés, plus auguftes,
Des abus renverfés, des lois faintes & juftes,
Qui dans le monde entier fondaient la liberté,
Si le Sénat Romain n'avait pas exifté.

LE PEUPLE.

Les Gracchus ont aimé le Peuple pour lui-même;
Eux feuls ont mérité que le Peuple les aime.

DRUSUS, *toujours à la tribune.*

Fulvius, fi tu veux vanter les deux Gracchus,
Nomme les Nations, les Rois qu'ils ont vaincus.
La fuite des Gaulois fut-elle leur ouvrage?
Ont-ils dompté Pyrrhus & fubjugué Carthage?
Ces durs Patriciens, ces cruels Sénateurs,
Voilà nos Généraux & nos Triomphateurs.

Je vois de tous côtés des Nations sujettes,
Contentes sous nos lois de leurs propres défaites,
Des Rois fiers de tenir leur sceptre de nos mains,
Et de monter au rang de Citoyens Romains;
La République au loin s'étendant par la guerre.
Terminant son empire aux confins de la terre.
Il faut bien avouer que des exploits si grands
Ne sont dûs qu'aux héros qu'on appelle tyrans.
Tant d'éclat, de succès, tant de siècles de gloire,
Sont-ils en un moment loin de votre mémoire?
Est-ce un crime aujourd'hui d'oser s'en souvenir?
Est-ce vos bienfaiteurs que vous voulez punir?

Il descend de la tribune.

LE PEUPLE.

Non, jamais.

OPIMIUS *à Fulvius.*

Au Tribun, crois-tu pouvoir répondre?

FULVIUS.

Gracchus dans la tribune est prêt à le confondre.

LE PEUPLE.

Ecoutons. C'est Gracchus. Il paraît agité.

GRACCHUS, *remontant à la tribune.*

Romains, je ne puis voir avec tranquillité,
Je n'entendrai jamais, sans une honte extrême,
Un Magistrat du Peuple, élevé par vous-même,
Rendre aux Patriciens des hommages si doux,
Et vous compter pour rien, en s'adressant à vous.

Le Tribun nous rappelle & Pyrrhus & Carthage ;
Mais la gloire des chefs eft-elle fans partage ?
L'honneur de commander à des Soldats Romains
N'a-t-il pas influé fur leurs brillans deftins ?
Sans tous les Plébéïens, morts pour la République
Dans les forêts d'Epire, aux campagnes d'Afrique,
Emile & Scipion, fans gloire & fans exploits,
N'auraient pas à leur char enchaîné tant de Rois.
Plébéïens, vrais guerriers, je vois vos cicatrices :
Les nobles à la guerre ont cherché les délices ;
Ils régnaient dans les camps ; vous avez combattu :
Vos chefs ont triomphé quand vous avez vaincu.
Ils ont gardé pour eux la gloire & l'opulence,
Ils ne vous ont laiffé que l'obfcure indigence ;
Ils ne vous ont laiffé que le partage affreux
De travailler, de vaincre & de mourir pour eux.
Sur les monts, fur les mers, chez des peuples barbares,
Votre fang a coulé pour des tyrans avares.
Mais que font, après tout, aux yeux Patriciens,
Les travaux, les fueurs, le fang des Plébéïens ?
Drufus s'eft bien rempli de leur orgueil farouche ;
Le Sénat tout entier a parlé par fa bouche.
Et vous ofez, Romains, haïr les Sénateurs !
Vous ofez oublier qu'ils font vos bienfaiteurs !
Ah ! fi vous en doutiez, fi vos cœurs infenfibles
Demandaient à Drufus des garans infaillibles,
Vous pourriez en trouver fans fortir de ces lieux,
Et de fanglans témoins font préfens à vos yeux.
C'eft ici que mon frère a péri leur victime ;
Mon frère vous aimait, & voilà tout fon crime.

Au fond du Capitole allez interroger
Jupiter Protecteur qui le vit égorger.

Faifceaux, glaive, Licteurs, or vil & fanguinaire,
Qui commandas le meurtre, & qui fus fon falaire,
Et vous, temple facré, tribune où tant de fois
Des Romains opprimés il défendit les droits,
Autel qu'il embraffait de fa main défaillante,
Tibre, où j'ai recueilli fa dépouille fanglante,
Elevez-vous, tonnez contre ce peuple ingrat;
Et qu'il apprenne enfin les bienfaits du Sénat.

> *Il defcend de la tribune.*

LE PEUPLE.

Oui, voilà fes bienfaits, ils demandent vengeance.

OPIMIUS.

C'en eft trop : d'un Conful déployons la puiffance.
Rangez-vous près de moi, Sénateurs, Chevaliers,
Vous tous bons Citoyens, intrépides guerriers.
La main de Scipion aux exploits aguerrie,
A de Tiberius délivré la Patrie :
On eft tenté de fuivre un exemple fi beau,
Et tous les factieux ne font pas au tombeau.
Quels font les révoltés qui demandent vengeance,
Lorfqu'on doit du Sénat implorer l'indulgence ?
Qu'ils fachent qu'à l'inftant je puis les accabler;
Je n'ai qu'un mot à dire, & leur fang va couler.

LE PEUPLE.

Que tardons-nous encore à punir cette audace ?

GRACCHUS, *l'arrêtant.*

Citoyens.....

FULVIUS.

Tu l'entends ; le Conful nous menace.

LE PEUPLE.

Meurent les Sénateurs !

GRACCHUS.

Citoyens, arrêtez.

LE PEUPLE.

Ils font cruels.

GRACCHUS.

Sans doute ; & vous les imitez.

LE PEUPLE.

Vengeons-nous.

GRACCHUS.

Arrêtez : malheur à l'homicide !
Le fang retombera fur fa tête perfide.
Des lois & non du fang : ne fouillez point vos mains.
Romains, vous oferiez égorger des Romains !
Ah ! du Sénat plutôt périffons les victimes ;
Gardons l'humanité, laiffons-lui tous fes crimes.

SCÈNE III.

LES MÊMES, CORNÉLIE, LICINIA,
LE FILS DE GRACCHUS.

LICINIA.

Ses jours font en péril. Le voilà ; je frémis.

GRACCHUS.

Que vois-je ? mon épouse & ma mère & mon fils !

OPIMIUS.

Gardez-vous d'approcher.

GRACCHUS.

    Confervez votre vie.

OPIMIUS.

Fuyez ces lieux.

CORNÉLIE.

   Moi fuir ! connaîs-tu Cornélie ?
Mère, auprès de mon fils, je brave le danger :
Aux côtés de Caïus nous venons nous ranger ;
A fes côtés ; c'eft-là le pofte de fa mère.
Si j'avais dans le temple accompagné fon frère,
J'aurais péri cent fois par vos coups inhumains
Avant que mon enfant fût tombé fous vos mains.

OPIMIUS.

J'excufe vos tranfports, je plains votre tendreffe ;
Mais des efprits ardens qui fermentent fans ceffe,
Rempliffent nos remparts de troubles éternels,
Et Caïus eft le chef de tous ces criminels.

LICINIA.

Mon époux !

CORNÉLIE.

Qu'a-t-il fait ?

OPIMIUS.

Sans ceffe il nous outrage;
Il nourrit contre nous des fentimens de rage ;
De fon cœur ulcéré rien ne peut les bannir.

CORNÉLIE.

Et qu'a-t-il mérité ?

OPIMIUS.

La mort doit le punir.

GRACCHUS, CORNÉLIE, LICINIA, FULVIUS;
LE PEUPLE.

Là mort !

CORNÉLIE.

Non, non, cruel, c'eft à moi qu'elle eft due ;
L'orgueil des Scipions dont je fuis defcendue ,
Le nom , les dignités , le rang de mes aïeux ,
Tous ces fantômes vains ne font rien à mes yeux.

Mes

Mes fils, voilà mes biens, mes tréfors, ma parure;
J'ai gravé dans leur cœur les lois de la Nature,
Le refpect pour le Peuple & l'amour de fes droits :
Au fein de leur berceau, je leur ai dit cent fois,
Qu'il faut de l'indigent foulager les misères,
Que des Patriciens les Plébeiens font frères;
Que l'homme en tout pays naît pour la liberté,
Et qu'il n'eft de grandeur que dans l'égalité.
Tous deux ont cru leur mère, & leur mère eft contente;
Ils ont par leurs vertus furpaffé mon attente.
Je vous rends grace, ô Dieux ! j'ai porté dans mon fein
Deux mortels vraiment grands, l'honneur du nom Romain:
Leur gloire impériffable à la mienne eft unie;
L'Univers avec eux citera Cornélie.
Si le Sénat punit la gloire & les vertus,
C'eft trop peu d'immoler le dernier des Gracchus.
Ne vous arrêtez point au milieu de vos crimes;
Conful, Patriciens, voilà d'autres victimes;
Venez, près de Caïus vous voyez tous les fiens.
Où font vos meurtriers ? fes forfaits font les miens.
Par fa mère du moins commencez le carnage;
Sur mon corps déchiré frayez-vous un paffage;
Payez de vos tréfors nos cadavres fanglans,
Et goûtez à longs traits le plaifir des Tyrans.

LE PEUPLE.

Vive des deux Gracchus la digne & tendre mère !

OPIMIUS.

C'eft avec ces difcours qu'on féduit le vulgaire;

C

Voilà par quels moyens les fléaux de l'État
Ont toujours défuni le Peuple & le Sénat.
Il eſt temps de finir ces ſanglantes querelles.

LICINIA.

Et quel eſt ton deſſein ?

OPIMIUS.

De frapper les rebelles.

LICINIA.

Barbare ! c'eſt ainſi.....

OPIMIUS.

C'eſt ainſi que je dois
Prévenir le déſordre & défendre les lois.

LICINIA.

Ceſſe d'éternifer la publique infortune :
Voilà ton ſeul devoir. Au pied de la tribune,
Dans le ſein du Forum, à la face des Dieux,
Les meurtres n'ont-ils pas épouvanté nos yeux ?
Et des Patriciens le courroux implacable
N'a-t-il pas fait couler un ſang irréparable ?
Que la pitié ſuccède à tant d'inimitié.

GRACCHUS.

La pitié du Sénat ! l'orgueil eſt ſans pitié.

OPIMIUS.

Crois-tu des Sénateurs mériter la clémence ?

GRACCHUS.

Je n'en ai pas befoin, j'aime mieux leur vengeance.

OPIMIUS.

Eh bien.....

GRACCHUS.

Vil affaffin : frappe & fais ton devoir.

LICINIA.

Conful, n'écoute pas fes cris, fon défefpoir;
Au nom de ton époufe, écoute la Nature.

OPIMIUS.

La loi parle.

LICINIA.

A tes pieds c'eft moi qui t'en conjure.

GRACCHUS, CORNÉLIE, FULVIUS, LE PEUPLE.

O Ciel !

GRACCHUS.

Licinia, l'époufe de Gracchus,
Aux genoux d'un Conful ! aux pieds d'Opimius!

LICINIA.

Ah ! je n'en rougis point, je fuis époufé & mère.
Que cet enfant, Conful, te parle pour fon père.

OPIMIUS.

Écoutez : fi Gracchus n'eft pas un factieux;
Si le fang des Romains lui femble précieux,

C ij

De ſes intentions le Sénat veut un gage.

GRACCHUS.

J'y conſens; quel eſt-il ?

OPIMIUS.

Cet enfant pour otage.

LICINIA.

Mon fils !

OPIMIUS.

Licinia, ne craignez rien pour lui.

GRACCHUS, *après un ſilence très-marqué.*

Citoyens, de la paix je veux être l'appui.
A cet objet ſacré mon cœur ſe ſacrifie,
Et voici mon enfant qu'à tes mains je confie.
Que le Sénat pourtant n'eſpère rien de moi;
Au Peuple ſouverain je garderai ma foi.
Que devant Jupiter ce traité s'accompliſſe:
Courons au Capitole implorer ſa juſtice;
Qu'il accueille aujourd'hui nos paiſibles ſermens;
Et périſſe à nos yeux, au milieu des tourmens,
Tout Romain, tout mortel qui par la violence
Oſera dans ces murs établir ſa puiſſance;
Qui verſera du ſang, qui détruira les loïs,
Et qui voudra du Peuple anéantir les droits.

Fin du ſecond Acte.

ACTE III.

SCÈNE PREMIÈRE.

OPIMIUS, DRUSUS, LICTEURS.

OPIMIUS.

Oui, malgré notre haine & notre impatience,
Tu vois qu'il a fallu différer la vengeance ;
Gracchus refpire encore, & c'eſt pour nous braver.

DRUSUS.

Du piége qui l'attend rien ne peut le fauver.
La paix entre ennemis eſt de courte durée.

OPIMIUS.

Dans fon cœur, dans le mien la paix n'eſt point jurée.

DRUSUS.

Qu'importe le courroux de ce fier Plébéïen,
Impuiſſant ennemi du nom Patricien !
Contre tout fon parti les Juges & les Prêtres
Feront parler les lois, les Dieux de nos ancêtres ;

C iij

Les Dieux, les lois, Conful! c'eſt par-là qu'on féduit;
Et c'eſt avec des mots que le Peuple eſt conduit.

O P I M I U S.

Quel eſt donc ſur les cœurs l'aſcendant du génie!
D'une éloquente voix quelle eſt la tyrannie,
Si l'orgueil irrité d'un Sénat tout-puiſſant
L'écoute avec reſpect & cède en frémiſſant!
Les talens de Gracchus, le ſouvenir d'un frère,
La vertu, les aïeux, le grand nom de ſa mère;
Tout, contre le Sénat ſemblait parler pour lui,
Et plus que tu ne crois le Peuple eſt ſon appui.
Ah! ſi dans les eſprits on pouvait le détruire!
Si, ne pouvant le vaincre, on pouvait le féduire!
Au nom du bien public & de ſon intérêt,
Je viens d'en obtenir un entretien ſecret;
Juſqu'à flatter Caïus je ſaurai me contraindre:
Si je puis l'ébranler nous n'avons rien à craindre;
Nous le verrons, Druſus, expirer ſous les coups
D'un Peuple qu'il oſait exciter contre nous.

D R U S U S.

Je le crois: cependant ſi Caïus inflexible
Oppoſe à tes diſcours une ame inacceſſible;
Si les ſéductions irritent ſes mépris.....

O P I M I U S.

Au même inſtant, Druſus, ſa tête eſt miſe à prix.
J'aurai ſoin de hâter des rigueurs néceſſaires;
Le Sénat a beſoin de la mort des deux frères.

La main de Scipion fit tomber le premier ;
Et des bras éprouvés puniront le dernier.
Il vient. Retire-toi.

Drusus sort.

S C È N E I I.

OPIMIUS, GRACCHUS, LICTEURS.

G R A C C H U S.

TU n'as pas mon estime.
Tu me hais dès long-temps, & ton Sénat m'opprime ;
Au nom du bien public tu m'as fait appeler,
Et par-tout à ce nom tu me verras voler.
Que veux-tu ?

O P I M I U S.

Qu'entre nous l'inimitié s'oublie.
C'est l'intérêt de Rome ; il nous réconcilie :
Que la cause du Peuple & des Patriciens
Désormais réunie ait les mêmes soutiens.
Les talens, les vertus qui te rendent illustre
Pourront, si tu m'en crois, briller d'un plus beau lustre.
Je fais que ton esprit assiégé de soupçons,
De bonne heure a sucé de funestes leçons ;
Un dangereux exemple a séduit ton enfance ;
Et de Tiberius la coupable imprudence...

C iv

GRACCHUS.

Conful, que les tyrans qui l'ont fait égorger
Devant fon frère au moins ceffent de l'outrager.
Pourfuis.

OPIMIUS.

Je ne veux pas infulter fa mémoire;
En plaignant fes erreurs, je refpecte fa gloire :
Mais toi, qui parmi nous tiens fa place aujourd'hui,
Inftruit par fes revers, fois plus fage que lui.
Il en eft temps encor, cherche à te mieux connaître;
Vois quel eft ton deftin; vois quel il pouvait être.
La tribune eft ici le chemin des honneurs;
Mais loin de les aigrir, il faut gagner les cœurs.
Tu pouvais obtenir la pourpre confulaire,
Tranfmettre à tes enfans un rang héréditaire,
Et porté par la gloire au milieu du Sénat,
Etre un des Protecteurs de Rome & de l'Etat.
Ofes-tu préférer à ces grands avantages,
Quelques brillans fuccès mêlés de tant d'orages;
Les applaudiffemens des Plébéïens flattés,
Et le nom trop fameux d'un chef de révoltés ?
Oui; d'un reproche amer excufe l'énergie;
Rougis en contemplant ta longue léthargie;
Eveille-toi, Caïus, & regarde avec moi
Quels font les Partifans d'un Romain tel que toi.
Un ramas d'indigens & de vils prolétaires,
Dont les Grands par pitié fe font fait tributaires,
Et qui dans le Forum, ligués contre les Grands,
Comblés de nos bienfaits nous appellent Tyrans.

Voilà ceux dont Caïus eſt 'le flatteur docile :
Ah ! ce n'était point là le parti de Camille ,
Et les deux Scipions , tes illuſtres aïeux ,
N'étaient point protégés par quelques factieux,
Deſcendans des héros , choiſis-les pour modèles ,
Laiſſe-la des amis légers & peu fidèles ,
Range-toi du parti de nos antiques lois ,
Et gouverne avec nous les Peuples & les Rois.

GRACCHUS.

Conful , eſt-ce à Gracchus que ce diſcours s'adreſſe ?
Crois-tu qu'à ton projet le Peuple s'intéreſſe ?
J'aurais été ſurpris qu'un Membre du Sénat
Eût daigné s'occuper du bien de tout l'Etat.
Mais c'eſt moi qui m'abuſe , & ton humeur altière
Voit dans les Sénateurs la République entière ;
Le reſte des humains diſparaît à tes yeux ,
Et tous les Plébéïens ſont des ſéditieux.
Toi , dont l'orgueil barbare inſulte au miſérable ,
Pour être infortuné , crois-tu qu'on ſoit coupable ?
La pauvreté du Peuple exclut-elle ſes droits ?
S'il eſt des indigens , c'eſt la faute des lois :
C'eſt votre avidité qui fait leur indigence ;
C'eſt vous qui ſéduiſez leur docile ignorance ;
C'eſt vous , Patriciens , vous qui les corrompez ;
Sur leur propre intérêt c'eſt vous qui les trompez.
Ils ne ſont pas toujours chargés de vos outrages :
Sitôt qu'au champ de Mars ils donnent leurs ſuffrages,
Leur pauvreté, Conful , n'a plus rien de honteux ,
Et l'orgueil du Sénat ſe courbe devant eux.

Je les vois fur vous tous exercer leur empire,
Baffement courtifés quand ils doivent élire,
Rejettés loin de vous quand ils n'élifent plus,
Dignes de vos mépris, quand ils vous ont élus.

OPIMIUS.

Toi, qui ne fouffres point qu'on outrage ton frère,
Parle avec moins de haine, avec moins de colère;
N'infulte pas, Gracchus, un Sénat redouté.

GRACCHUS.

Et toi, n'infulte pas Rome & l'humanité.
Tu dois plus de refpeft, plus de reconnaiffance,
Au Peuple que tu'fers & qui fait ta puiffance.

OPIMIUS.

Il fuffit. Terminons tous ces vains différends.
Tu peux être l'égal ou le fléau des Grands,
L'ami des Sénateurs, ou bien leur adverfaire :
Crains de te repentir du choix que tu vas faire;
Tel eft l'unique objet qui nous raffemble ici;
Et je veux ta réponfe à l'inftant.

GRACCHUS.

La voici.

Je ne tranfige point avec la tyrannie;
La querelle du Peuple à ma caufe eft unie;
A de vils préjugés rien ne peut m'affervir,
Et pour l'égalité je veux vivre & mourir.

Opimius.

L'égalité ! ce mot ftérile & chimérique,
Qu'on répète toujours, que jamais on n'explique,
De tous les préjugés renferme le plus grand ;
Et la nature humaine eft mon premier garant.
L'affaffin, le brigand, un efclave imbécille,
Egalent-ils Brutus, Scévola, Paul-Emile ?
D'un fantôme adoré déferte les autels ;
L'inégalité règne au milieu des mortels :
Les vertus, les talens, & fur-tout l'opulence,
Etabliffent entre eux un intervalle immenfe :
Rien ne peut de ces dons furmonter l'afcendant ;
Et du riche en tous lieux le pauvre eft dépendant.

Gracchus.

Tu feins, Opimius, de ne me pas comprendre.
Ecoute ; je favais, avant que de t'entendre,
Quelle eft l'autorité des talens, des vertus,
Et de l'or, ce pouvoir que tu vantes le plus.
Eh bien, ni les vertus, ni l'or, ni le génie
Ne peuvent juftement fonder la tyrannie.
Les Membres d'un Etat, égaux devant les lois,
Unis des mêmes nœuds, ont tous les mêmes droits.
La Nature aux mortels n'a point donné d'entraves ;
Elle n'a point créé des Tyrans, des Efclaves ;
Elle a créé, Conful, la fainte égalité,
Et fa main dans nos cœurs grava la liberté.
Des feuls Patriciens ce n'eft point le partage ;
Elle appartient au monde ; & ce grand héritage

Eſt à tous les humains diſpenſé par les Cieux,
Tel que l'aſtre du jour qui luit pour tous les yeux.

Opimius.

C'eſt ainſi que le Peuple eſt bercé d'un ſyſtême
Dangereux pour l'Etat, dangereux pour lui-même.

Gracchus.

Ce ſyſtême, Conſul, ne peut nuire à l'Etat;
Il peut ſervir le Peuple, aux dépens du Sénat.

Opimius.

Songe-tu que ton fils eſt en notre puiſſance?

Gracchus.

J'y ſonge; & les Tyrans chériſſent la vengeance.
Je donnerais mes jours pour conſerver mon fils,
Et tu vois à ce nom tous mes ſens attendris.
Si vous croyez avoir beſoin d'un nouveau crime,
Tigres, frappez encor cette tendre victime;
Vous me verrez toujours braver votre pouvoir,
Et mourir de douleur, en faiſant mon devoir

Opimius.

Caïus, je plains ta haine, & je voudrais l'éteindre.

Gracchus.

Ne plains pas la vertu; le crime eſt ſeul à plaindre.

Opimius.

Qui voudra t'imiter & ſe perdre avec toi?

GRACCHUS.

Quand il ne resterait que Fulvius & moi...

OPIMIUS.

Fulvius ! & crois-tu qu'à lui-même contraire,
Il oubliera toujours son rang de Consulaire ?
S'il osait s'expliquer, & s'il n'éprouvait pas
Quelque honte secrette à faire un premier pas,
Aux intérêts du Peuple il serait infidèle ;
L'occasion lui manque, il l'attend, il l'appelle ;
Prêt à se rallier à la cause des Grands...

GRACCHUS.

Tu veux nous désunir, & c'est l'art des Tyrans.
Fulvius, me dis-tu, mon ami n'est qu'un traître !
Non, je ne le crois point ; mais je le vois paraître.
Tu frémis à ses yeux ! ta rougeur te dément.

SCÉNE III.

OPIMIUS, GRACCHUS, FULVIUS, LICTEURS.

GRACCHUS.

Fulvius, le Consul m'assure en ce moment
Que tu veux abjurer la cause populaire,
Et qu'aux Patriciens tu t'efforces de plaire.

FULVIUS.

Moi, grands Dieux! au Sénat je pourrais me lier!

GRACCHUS.

Viens, ne t'abaiffe pas à te juftifier ;
Viens, embraffe un ami qui t'aime & qui t'eftime ;
Un cœur tel que le tien n'eft pas fait pour le crime.
Chef des Patriciens, on s'eft ofé flatter
Que Gracchus était vil & pouvait s'acheter.
Cours apprendre au Sénat que fon attente eft vaine,
Et ne marchande plus la liberté romaine.

OPIMIUS.

Je vole à fon fecours ; dans le fond de mon cœur
Un refte de pitié parlait en ta faveur ;
Je te plaignais, Caïus, & ma main protectrice
A voulu t'arrêter au bord du précipice.
Adieu. De ma douceur je fuis enfin laffé ;
Ennemis du Sénat, votre règne eft paffé.
Si vous ne craignez point vos complots parricides,
Et le remords fecret qui s'attache aux perfides,
Et la haine de Rome, & le Ciel en courroux,
Craignez le châtiment qui tombera fur vous.

SCÈNE IV.

GRACCHUS, FULVIUS.

GRACCHUS.

SI tu dois triompher, je ne crains que la vie.

FULVIUS.

Attendrons-nous, Gracchus, qu'elle nous soit ravie ?
Quelques Patriciens dont le cœur m'est lié
Par les nœuds toujours chers d'une tendre amitié,
Trompant de leur Sénat la rage criminelle,
M'ont appris ses desseins par un récit fidèle.
Si la séduction avait pu t'avilir,
Par le Peuple en fureur on t'aurait fait punir.

GRACCHUS.

Que dis-tu ?

FULVIUS.

Si ton cœur, zélé pour la Patrie,
Osait d'Opimius rejeter l'offre impie,
On devait publier un décret du Sénat,
Qui tous deux nous déclare ennemis de l'Etat.

GRACCHUS.

Le Sénat...

FULVIUS.

Il n'est plus de frein qui le retienne ;
Ce décret met à prix & ta tête & la mienne.

GRACCHUS.

Quel myftère d'horreur !

FULVIUS.

C'eft peu d'être profcrits ;
Le Sénat veut encor que nous mourions flétris.
Les Juges préparant leurs arrêts redoutables...

GRACCHUS.

Ils font Patriciens ; nous ferons tous coupables.

FULVIUS.

Les Prêtres colorant ces deffeins odieux...

GRACCHUS.

Ils font Patriciens ; je fais l'avis des Dieux.

_____

SCÈNE V.

GRACCHUS, FULVIUS, CORNÉLIE, LICINIA.

CORNÉLIE.

Songe à toi, mon cher fils ; un Sénat facrilège
Aux meilleurs Citoyens prépare un nouveau piège ;
On parle d'un décret, de toi, de Fulvius :
Il eft bien des Romains égarés ou vendus.

Les

Les difcours féduifans, les perfides careffes,
Les éloges flatteurs, les bienfaits, les promeffes,
L'or, premier des tyrans, premier des féducteurs,
Drufus prodigue tout au nom des Sénateurs.

L I C I N I A.

De quelques vrais Romains que peut le vain courage?
L'éclair nous avertit; laiffons paffer l'orage:
Fuyons. Quelques amis jufqu'aux Monts Apennins,
Sont prêts à nous guider par de fecrets chemins:
Déjà la fombre nuit couvre les fept collines,
Et defcend par dégrés fur les plaines voifines:
Viens; nous fuivrons tes pas au bout de l'Univers,
De Cités en Cités, dans le fond des déferts:
Les lieux où tu vivras feront notre Patrie;
Une époufe qui t'aime, une mère chérie,
Adouciront le poids de tes calamités:
Et nous pourrons du moins mourir à tes côtés.

G R A C C H U S.

Avec la liberté tu veux que je m'exile!
Quand Rome exifte encor, moi chercher un afile!
Fuir au fein de la nuit, par des chemins fecrets,
Comme un brigand chargé du poids de fes forfaits!
Abandonner ce Peuple au Sénat qui l'opprime!
Déferter ma Patrie! y fonger eft un crime.
Et que penferait-on de l'indigne Soldat
Qui fuirait fes drapeaux au moment du combat?
Non; l'afpect du péril agrandit le courage:
Combattre les Tyrans fut toujours mon partage.

D

C'eft ici qu'à nos droits ils ofent infulter ;
C'eft ici qu'eft mon pofte , & j'y prétends refter :
Et , quand fous leurs efforts Rome entière chancelle,
Je dois relever Rome , ou tomber avec elle.

FULVIUS.

Je t'approuve , & je cours ramener en ces lieux
Le peu de Citoyens dignes de nos aïeux.
Gracchus eft en péril , & le Peuple fommeille !
Les Tyrans font vainqueurs ; que le Peuple s'éveille.
Je veux que fes débris , par un dernier effort,
Portent chez l'oppreffeur l'épouvante & la mort.
Pleins d'un beau défefpoir tentons la deftinée :
Si ce jour eft pour nous la dernière journée,
Aux Efclaves du moins nous ferons nos adieux,
Et c'eft la liberté qui fermera nos yeux.

SCÈNE VI.

GRACCHUS, CORNÉLIE, LICINIA.

LICINIA.

Tiberius n'eft plus ; il nous reftait fon frère ;
Un Héros tel que lui peut confoler fa mère.
Si vous aviez voulu , vous l'auriez vu toujours
Le charme , le foutien & l'honneur de vos jours.
De vos leçons peut-être il fera la victime ;
Et fon trop de vertu l'a plongé dans l'abîme.
Vous favez le pouvoir de fes fiers ennemis ;

Je crains pour mon époux, je tremble pour mon fils;
Je ne puis immoler mon cœur à la Patrie;
Au plus grand des Romains j'ai confacré ma vie:
Je l'aime; je le dois; fongez que mon époux
Eft un don précieux que j'ai reçu de vous.

N'aimeriez-vous pas mieux, vous mère, vous fenfible,
Briller ainfi que moi de fon éclat paifible,
Que de voir votre fils profcrit, perfécuté,
Succombant fous les coups d'un Sénat irrité?

CORNÉLIE.

Vous me connaiffez mal: fi l'on venait me dire,
Caïus avec les Grands va partager l'Empire;
Fatigué de fa gloire, infidèle à l'Etat,
Il a vendu le Peuple à l'orgueil du Sénat:
Honteufe d'être mère, & pleurant fa naiffance,
Je le défavouerais; je fuirais fa préfence;
J'irais, dans un défert traînant mes jours flétris,
Survivre loin de Rome à l'honneur de mon fils.
Mais fi l'on m'annonçait qu'il eft mort en grand homme,
En fe facrifiant aux intérêts de Rome,
Le coup ferait affreux pour mon cœur gém'ffant;
Je mourrais de douleur, mais en l'applaudiffant.
Je dirais: fa vertu ne s'eft point démentie;
Il a vécu trop peu pour moi, pour la Patrie;
Mais, ce qui doit au moins calmer mon défefpoir,
Jufqu'à fa dernière heure il a fait fon devoir.

GRACCHUS.

Vous ferez fatisfaite, & votre fils, ma mère,
Mourra digne de vous & digne de fon frère.

LICINIA.

Quel bruit se fait entendre ? Et d'où partent ces cris ?

SCÈNE VII.

GRACCHUS, CORNÉLIE, LICINIA, FULVIUS, LE FILS DE GRACCHUS, LE PEUPLE.

FULVIUS.

Caïus, Licinia, reprenez votre fils.

GRACCHUS, LICINIA.

Notre fils !

CORNÉLIE.

Est-il vrai ?

GRACCHUS.

Rome est-elle tranquille ?

FULVIUS.

Non. Le Peuple à ma voix quittait son humble asile:
Bientôt les Sénateurs nous joignant à grands pas,
De Gracchus & des siens demandaient le trépas.
Le Consul a donné le signal du carnage ;
Le sang coule ; & Drusus, scélérat sans courage,
Tenant ton fils unique & l'offrant à nos yeux,
Menace d'immoler cet enfant précieux.
Il est sauvé, conquis par ce Peuple intrépide ;
L'éclair qui fend les Cieux, la foudre est moins rapide :

Vaincu par la terreur, tout fléchit devant nous ;
Le perfide Drufus eft tombé fous nos coups ;
Et, lorfqu'Opimius à le venger s'apprête,
Nos amis enlevaient leur illuftre conquête,
Et criaient en ferrant ton fils entre leurs mains ;
» C'eft l'enfant de Gracchus, c'eft l'efpoir des Romains. «

GRACCHUS.

Que ne vous dois-je pas, Citoyens magnanimes ?

FULVIUS.

Opimius frémit ; il a befoin de crimes.
Nous avons des Soldats, il a des affaffins,
Et je t'ai dévoilé fes finiftres deffeins.
Déjà réuniffant leurs fureurs mercenaires,
Efclaves, Affranchis, Etrangers & Sicaires,
Groffiffaient à l'envi les forces du Sénat,
Et vendaient au Conful notre fang & l'Etat.
Sans doute à la victoire il ne faut plus prétendre ;
Mais nous aurons du moins l'honneur de te défendre :
Le Peuple que tu fers veut auffi te fervir ;
Et, s'il ne peut plus vaincre, il peut encor mourir.

GRACCHUS.

La mort eft pour moi feul.

LICINIA.

Opimius s'avance.

SCÈNE VIII.

GRACCHUS, CORNELIE, LICINIA, FULVIUS, LE FILS DE GRACCHUS, OPIMIUS, SÉNATEURS, CHEVALIERS, LICTEURS, SUITE, PEUPLE.

OPIMIUS, *tenant le Décret du Sénat.*

ROMAINS, il faut livrer Gracchus à ma vengeance.

CORNÉLIE.

Te livrer mon enfant !

LICINIA.

Mon époux !

LE PEUPLE.

Notre appui !

FULVIUS.

C'eſt-là qu'il faut paſſer pour aller juſqu'à lui.

*Fulvius & le Peuple forment un rempart entre Gracchus
& le parti du Sénat.*

GRACCHUS.

Arrête, Fulvius.

FULVIUS.

Et qu'importe ma vie,
Si je puis conſerver Gracchus à la Patrie ?

OPIMIUS.

Le Sénat veut Gracchus : Romains, héſitez-vous ?

GRACCHUS, *à la tribune.*

Patriciens, le Ciel sera juge entre nous.
J'ai voulu dans ce jour empêcher le carnage,
Au point de vous livrer mon enfant comme otage ;
J'ai tout fait, tout tenté pour conserver la paix ;
Mais vous vouliez du sang, vous vouliez des forfaits.
Vous, nés tous Plébéiens, foulés par la Noblesse,
Citoyens dont la rage, ou plutôt la faiblesse
A la voix du Sénat vient pour m'assassiner,
Puisqu'on vous a trompés je dois vous pardonner.
Mais vous, Patriciens, comptez sur la vengeance ;
Le Peuple tôt ou tard reprendra sa puissance.
Romains, ralliez-vous, rassemblez vos débris,
Les Dieux s'adouciront, ils entendront vos cris ;
Ne désespérez point : la liberté de Rome
Ne dépendra jamais de la perte d'un homme.
Viens, mon fils, crains les Dieux, chéris l'humanité,
Sois le soutien du Peuple & de la liberté.
Je remets ce dépôt aux mains de Cornélie.
Epouse, mère, enfant, pour qui j'aimais la vie ;
Ami tendre & fidèle, & vous, Peuple Romain,
Serrez-vous près de moi, j'expire en votre sein.

Il se frappe.

FULVIUS, CORNÉLIE, LICINIA, LE PEUPLE,
OPIMIUS.

Ciel !

Tous les perfonnages tombent aux pieds de Grac-
chus, à l'exception d'Opimius.

GRACCHUS.

J'épargne du fang. Dieux protecteurs du Tibre,
Voici mon dernier vœu ; que le Peuple foit libre.

Il expire.

OPIMIUS.

Il meurt, mais il triomphe, & je fens le remord.
Qu'un homme libre eft grand au moment de fa mort !

CORNÉLIE, *fe levant.*

Citoyens, levez-vous, expiez votre crime,
Et ne vous trompez plus au choix de la victime :
Ecoutez une mère & le Ciel outragé.
Frappez. Vengez mon fils.

Tout le monde fe lève. Fulvius, le Peuple & le
parti du Sénat fe réuniffent pour égorger Opimius.

OPIMIUS, *mourant.*

J'expire. Il eft vengé.

FULVIUS, *montrant le corps de Gracchus.*

Rendons à ce Héros de funèbres hommages ;
Des Gracchus, de leur mère élevons les images,
Et que de nos foutiens le courage indompté
Même au fein du tombeau, ferve la liberté.

Fin du troifième & dernier Acte.

www.ingramcontent.com/pod-product-compliance
Lightning Source LLC
LaVergne TN
LVHW022142080426
835511LV00007B/1217